Dakini

Die Geschichte der Himmelstänzerinnen und ihrer Schwestern in anderen Religionen

Kontakt: www.HarryEilenstein.de / Harry.Eilenstein@web.de
Impressum: Copyright: 2011 by Harry Eilenstein – Alle Rechte, insbesondere auch das der Übersetzung, vorbehalten. Kein Teil des Buches darf ohne schriftliche Genehmigung des Autors und des Verlages (nicht als Fotokopie, Mikrofilm, auf elektronischen Datenträgern oder im Internet) reproduziert, übersetzt, gespeichert oder verbreitet werden.
Herstellung und Verlag: BoD - Books on Demand, Norderstedt
ISBN: 9783739228600

in Liebe und Dankbarkeit
für Milena

Bücher von Harry Eilenstein:

- Astrologie (496 S.)
- Photo-Astrologie (64 S.)
- Tarot (104 S.)
- Handbuch für Zauberlehrlinge (408 S.)
- Physik und Magie (184 S.)
- Der Lebenskraftkörper (230 S.)
- Die Chakren (100 S.)
- Meditation (140 S.)
- Drachenfeuer (124 S.)
- Krafttiere – Tiergöttinnen – Tiertänze (112 S.)
- Schwitzhütten (524 S.)
- Muttergöttin und Schamanen (168 S.)
- Göbekli Tepe (472 S.)
- Hathor und Re:
    - Band 1: Götter und Mythen im Alten Ägypten (432 S.)
    - Band 2: Die altägyptische Religion – Ursprünge, Kult und Magie (396 S.)
- Isis (508 S.)
- Die Entwicklung der indogermanischen Religionen (700 S.)
- Wurzeln und Zweige der indogermanischen Religion (224 S.)
- Der Kessel von Gundestrup (220 S.)
- Cernunnos (690 S.)
- Christus (60 S.)
- Dakini (80 Seiten)
- Kursus der praktischen Kabbala (150 S.)
- Eltern der Erde (450 S.)
- Blüten des Lebensbaumes:
    - Band 1: Die Struktur des kabbalistischen Lebensbaumes (370 S.)
    - Band 2: Der kabbalistische Lebensbaum als Forschungshilfsmittel (580 S.)
    - Band 3: Der kabbalistische Lebensbaum als spirituelle Landkarte (520 S.)
- Über die Freude (100 S.)
- Das Geheimnis des Seelenfriedens (252 S.)
- Von innerer Fülle zu äußerem Gedeihen (52 S.)
- Das Beziehungsmandala (52 S.)

Inhaltsverzeichnis

1. Der Ursprung der Dakinis — 6
2. Die Dakinis und die Wiedergeburt — 9
3. Die Dakinis und die Sexualität — 10
4. Die Dakinis und die Sonnensymbolik — 17
5. Die Dakinis im Buddhismus — 19

6. Die Dakinis und die Kundalini — 21
7. Das Mandala der Psyche — 24
8. Tantra und Kundalini-Yoga — 27
9. Die Dakinis und die Mahasiddhis — 29
10. Dakini-Visionen — 31

11. Das Aussehen der Dakinis — 32
12. Arten der Dakinis — 34
13. Einzelne Dakinis — 38
14. Der Daka — 49
15. Dakinis und Apsaras — 50

16. Dakinis und Yakshinis — 52
17. Dakinis und Kitsune — 53
18. Dakinis und Peris — 55
19. Dakinis und Nymphen — 56
20. Dakinis und Walküren — 57

21. Dakinis und Shekinah — 59
22. Dakinis und Engel — 60
23. Dakinis und Houris — 61
24. Dakinis und erotische Tempel-Skulpturen — 62

1. Der Ursprung der Dakinis

Der Sanskrit-Name „Dakini" bedeutet „Himmelstänzerin", wobei dieses „Tanzen" auch „wandern, wandeln" bedeuten kann. Sie ist somit ihrem Namen nach ein weibliches Wesen, das im Himmel oder zum Himmel wandert.

Der tibetische Name der Dakinis lautet „Khandroma", was „Luft-gehen-Frau" oder „Luft-gehen-Mutter" bedeutet.

In den frühen indischen und den ihnen nah verwandten persischen Schriften bringen diese weiblichen mythologischen Wesen die Toten in den Himmel. Sie gleichen in dieser Funktion vielen ähnlichen Wesen bei den anderen indogermanischen Völkern wie z.B. den keltischen Krähengöttinnen, die den Tod bringen und den germanischen Walküren, die die Gestalt von Schwänen annehmen können und ebenfalls den Tod verkünden.

Dieses Umdeutung von Wesen und Dingen, die den Toten auf ihrer Jenseitsreise ursprünglich geholfen haben, zu Wesen und Dingen, die den Tod bringen, ist in der Entwicklung von Mythen aufgrund der allgemeinen Angst vor dem Tod sehr häufig anzutreffen.

Das „Himmelstanzen", d.h. das Fliegen der Dakinis, und die Vogelgestalt der keltischen Todesgöttinnen und der germanischen Walküren ist aus dem Motiv der Vogelseele heraus entstanden.

Die Vorstellung, daß die Seele die Gestalt eines Vogels hat, ist die älteste religiöse Vorstellung, da sie mit der Entdeckung der Seele zusammenhängt: Bei einem Nahtod-Erlebnis schwebt man über dem eigenen Körper („Astralreise") und erkennt dadurch, daß man mehr als nur der eigenen Körper ist. Um dieses Schweben und Fliegen auszudrücken, hat man schon in der Altsteinzeit der Seele die Gestalt eines Vogels gegeben.

Die Seele wird daher weltweit als Vogel, Vogel mit Menschenkopf, Mensch mit Vogelkopf, Mensch mit Federkleid, Mensch mit Flügeln („Engel") u.ä. dargestellt.

Da die Ankunft der Seele im Jenseits als eine Analogie zu der Ankunft des Leibes einschließlich der Seele im Diesseits angesehen worden ist, entstand das Motiv der Wiedergeburt im Jenseits. Wenn jedoch die Jenseitsgöttin die Seelen in der Gestalt von Vögeln wiedergebiert, muß sie auch selber die Gestalt eines Vogels haben.

Der Tod wurde bereits um 10.000 v.Chr. zu Beginn der Jungsteinzeit dem Sonnenuntergang und die Wiedergeburt dem Sonnenaufgang gleichgesetzt, wie u.a. die Bilder in den Tempeln von Göbekli Tepe und die Konstruktion des Turms von Jericho zeigen.[1] Der den Ahnen geweihte Tempelberg Göbekli Tepe befand sich im Norden

---

1   siehe: Eilenstein – "Göbekli Tepe"

der Ebene, in der die damaligen Jäger gelebt haben – also in der Richtung der „Nacht", wo die Sonne niemals zu sehen und wo sich daher das Jenseits befinden muß.

In dem damaligen Weltbild entsprach der Osten daher der (Wieder-)Geburt, der Süden dem Leben, der Westen dem Tod und der Norden der Unterwelt. Diese Symbolik hat sich in fast allen Religionen, die von den frühjungsteinzeitlichen Jägern in Nordmesopotamien abstammen, erhalten.

In den frühen indischen Mythen brachten die Herrscher ihre Toten in den Norden zu einem Dakini-Schrein am Fuße des Himalayas. Die Dakini ist hier noch gut als die Jenseitsgöttin erkennbar.

Diese Göttin, die die Seelenvögel der Toten wiedergebiert und daher auch selber die Gestalt eines Vogels hat bzw. Flügel trägt, ist u.a. von den Ägyptern als Nut, Isis, Nephtys, Selket und Neith, von den Sumerern als Inanna und von den Babyloniern als Lilith bekannt. Diese drei Völker stammen wie die Indogermanen von den frühjungsteinzeitlichen Jägern in Nordmesopotamien (Göbekli Tepe) ab.

Die Dakini der Inder und Perser ist also eine der vielen Varianten der indogermanischen Jenseitsgöttin in Vogelgestalt – wobei die Dakinis keine Flügel o.ä. besitzen, aber durch die Luft fliegen können – weshalb sie „Himmelstänzerinnen" heißen.

Ägypten: Seelenvogel über der Mumie

Ägypten: Seelenvogel über der Mumie und Anubis-Priester

*Lacaux, 16.000 v.Chr.: die älteste Darstellung eines Nahtoderlebnisses
Jagdunfall: verwundeter Wisent, fast (?) toter Mann mit Vogelkopf,
Vogelstab (Urform des Totempfahls) = Seelenvogel*

Ägypten: geflügelte Isis

Sumer: Innana oder Lilith

2. Die Dakinis und die Wiedergeburt

Die Ankunft im Jenseits stellte man sich bei allen Völkern, die von den Jägern von Göbekli Tepe abstammen, als eine Wiedergeburt vor. Da sich dieses Motiv jedoch auch bei so gut wie allen anderen Völkern findet, muß es schon von dem ersten Homo sapiens in Südafrika verwendet worden sein, d.h. aus der Zeit von ca. 100.000 v.Chr. stammen.

Spätestens in Göbekli Tepe, vermutlich jedoch schon früher, ist diese Vorstellung durch eine der Wiedergeburt vorausgehende Wiederzeugung und ein ihr folgendes Wiederstillen ergänzt worden.

Die Wiederzeugung der eigenen Seele durch den Toten hat in der Entwicklung der Mythologie eine große Rolle gespielt. Aus ihr sind die „Penis-Götter" wie Osiris, Shiva, Priapos, Pan usw. entstanden.

Auch die Wiederzeugung selber wird oft beschrieben. Eine der deutlichsten Schilderungen findet sich bei den Ägyptern, bei denen sich die Göttin Isis mit dem toten Gott Osiris vereint, woraufhin sie dessen Sohn, den Falkengott Horus, wiedergebiert, der der vergöttlichte Seelenvogel des Osiris ist. Aber auch bei den Germanen wird die Vereinigung des Toten in der Grabkammer seines Hügelgrabes mit seiner Walküre, der Jenseitsgöttin Hel oder Freya mehrfach beschrieben (Helgi-Lieder, Ynglingatal u.a.).

Dieses Motiv der Wiederzeugung und der Wiedergeburt hat zu der Vervielfältigung der Jenseitsgöttin geführt: Es starben so viele Menschen gleichzeitig, mit denen sie dann nach deren Wiederzeugung schwanger war, daß die Jenseitsgöttin in einer Vielzahl von Gestalten erscheinen mußte, da sie sonst unmöglich jeden Toten wiedergebären konnte ... Aus diesem Grund gibt es nicht eine, sondern viele Dakinis. Auch dies Motiv muß schon sehr alt sein, da es sich bei allen Indogermanen findet. Bei den nicht-indogermanischen Völkern kommt dies Motiv zwar auch vor, aber es ist bei weitem nicht so ausgeprägt. Man kann daher die Vervielfältigung der Jenseitsgöttin in der Zeit der frühen Indogermanen zwischen 7.000 v.Chr. und 2.800 v.Chr. vermuten.

Aus dem Wiederstillen durch die Jenseitsgöttin, das im Alten Reich der Ägypter noch häufig dargestellt worden ist, entwickelte sich mit der Zeit ein Ritualtrank, der zunächst bei Bestattungen, aber dann auch bei den Jenseitsreisen der Schamanen und schließlich auch in den Mysterien getrunken wurde. Bei den Indogermanen wurde dieser Trank zu Soma, Haoma, Nektar ambrosia und zum Göttermet.

Der Kelch mit diesem Trank, den der Pharao tanzend zu der ägyptischen Muttergöttin Hathor trägt, spielt die Hauptrolle in deren Ritual.

Der Name „Hathor" bedeutet „Haus des Horus" im Sinne von „Schoß, der den Seelenvogel gebiert".

3. Die Dakinis und die Sexualität

Durch die Wiedergeburt und die ihr vorausgehende Wiederzeugung ist die Sexualität eng mit der Muttergöttin assoziiert worden.

Vermutlich ist diese Verbindung jedoch schon viel älter und reicht 600.000 Jahre bis zu dem Homo erectus zurück, der um diese Zeit von Südasien aus Nordeurasien zu besiedeln begann. Dort im kalten Norden traf er auf ein ihm bis dahin unbekanntes Problem: Die große Kälte des Winters ließ die meisten Neugeborenen sterben. Es blieb dem Homo erectus nichts anderes übrig als die Kinder nur noch zu einer Zeit zu zeugen, die die Frauen zu Frühlingsanfang gebären ließ, denn dann hatten die Neugeborenen den Sommer über Zeit, kräftiger zu werden und dann den nächsten Winter zu überleben.

Diese Überlebensstrategie konnte der Homo erectus allen größeren Tieren in Nordeurasien abschauen, die alle ihre Brunftzeit so liegen haben, daß die Geburt am Ende der Schwangerschaft in den Frühling fällt. Die Menschen und Tiere in den warmen Gebieten der Erde haben eine solche Brunftzeit nicht nötig …

Dies ist der Anfang des Mittsommer-Zeugungsfestes (neun Monate vor Frühlingsanfang) gewesen, das sich in ganz Eurasien und auch bei den Indianern in Amerika nachweisen läßt – in Europa wurde daraus die Walpurgisnacht und später dann Karneval.

Aufgrund dieses Festes ist bekannt, daß der Homo erectus und der von ihm abstammende größere und kälteunempfindlichere Neandertaler sowie später dann auch der Homo sapiens bis zum Ende der Eiszeit von seinem Sternzeichen her in der Regel Widder und seltener auch einmal Fische oder Stier gewesen ist …

Der Homo erectus ist auch der erste Vertreter des Homo gewesen, der sich Hütten gebaut hat, um sich gegen die Kälte im Norden zu schützen. Diese halbkugelförmigen Hütten konnte mit Steinen geheizt werden, die in einem Feuer vor der Hütte erhitzt worden waren.

Diese Hütten waren der erste Innenraum, die die Menschen in der damaligen Natur erleben konnten – von Höhlen einmal abgesehen. Dieser Innenraum wird mit der Erinnerung an die Zeit vor der Geburt assoziiert worden sein – dem einzigen Innenraum vor der Erfindung der Hütten.

Aus dieser Verbindung von Innenraum, Wärme, Geborgenheit und der Assoziation zur Muttergöttin entstand das Schwitzhüttenritual, das eine bewußte Rückkehr in den geborgen Zustand in der Großen Mutter ist – die Rückkehr in das Urvertrauen.[2]

Die Schwitzhütte ist der „Ort der Großen Mutter" gewesen (und ist es auch noch heute). Das Zeugungsfest wird sehr wahrscheinlich auch unter dem Schutz der

---

2 siehe: Eilenstein – "Schwitzhütte"

Großen Mutter gestanden haben, da es dem Überleben der Neugeborenen diente.

Diese Wohnhütten hatten einen kurzen Gang vor dem Eingang, der als Windschutz diente – ähnlich dem typischen Aufbau von Iglus.

Die ersten Tempel der Menschen in Göbekli Tepe waren ebenfalls solche „Rundhütten mit Gang". Sie sind allerdings komplexer angelegt worden, um die Symbolik deutlicher zu machen: Sie bestehen aus einer inneren Rundhütte mit Steinmauer und einem Dach aus Holz und Fellen, die das ungeborene Kind symbolisiert. Diese innere Hütte steht in einer nur ein wenig größeren Rundhütte, zu der ein Gang führt und die ebenfalls überdacht ist. Diese äußere Hütte stellt der Bauch der Großen Mutter dar, während der zu ihr führende Gang die Vagina symbolisiert. Die innere Rundmauer berührt stets an einer Stelle die äußere Rundmauer – die Nabelschnur.

Aus diesem Grundriß ergab sich dann 3000 Jahre später der Grundriß der Anlagen der Megalithkultur, die ebenfalls aus einem Steinkreis mit einem zu ihr führenden Weg bestehen. Auch die frühen Tempel aus der historischen Zeit wie z.B. die ägyptischen Tempel haben noch diesen Grundriß.

Alle diese Tempel waren der Leib der Großen Mutter, in den die Menschen zurückkehren konnten, um die Geborgenheit wiederzufinden.

Einer der Tempel von Göbekli Tepe (Darstellung ohne die beiden Dächer)
Rekonstruktionszeichnung

Ab ca. 50.000 v.Chr. begann der Homo sapiens, der um ca. 100.000 v.Chr. im westlichen Mittelafrika entstanden war, Nordeurasien zu besiedeln. Er hat offenbar die Schwitzhüttenzeremonie und das Zeugungsfest von dem Homo erectus und den Neandertalern übernommen – beide Zeremonien waren damals elementar wichtig.

Der Homo sapiens ist offensichtlich ein Künstler gewesen, denn er begann bei seiner Ankunft in Nordeurasien damit, Statuetten der Großen Mutter aus Stein zu schlagen oder aus Horn zu schnitzen und sie auch in seinen Höhlenmalereien darzustellen.

Der Homo sapiens hat bereits die Seele gekannt (wie u.a. der Vogel-Stab in der Höhle von Lascaux zeigt) und daher sicherlich auch den Schamanismus, da dieser aus der Kenntnis der Seele entstanden ist. Dies läßt sich daraus schließen, daß sich weltweit außer in Afrika Totempfähle finden und daß dessen Vorläufer, der „Vogelstab" ebenfalls weltweit (einschließlich Afrika) und auch in den altsteinzeitlichen Höhlenmalereien und in den frühjungsteinzeitlichen Tempeln wie in denen von Göbekli Tepe findet.

Der „Vogel auf dem Stab" ist ein Symbol für die Seele, die bei einem Nahtod-Erlebnis über dem eigenen Körper schwebt, den man dabei unter sich liegen sieht. Ein Schamane ist jemand, der gelernt hat, gezielt und bewußt mit seiner Seele seinen Körper zu verlassen und sich dann im Jenseits befindet („Astralreise"). Er kann dann anschließend den Kontakt zwischen den Lebenden im Diesseits und ihren Ahnen im Jenseits herstellen.

Bereits um 9.500 v.Chr. gab es in Göbekli Tepe und in Nevali Cori komplexe, steinerne Totempfähle, auf denen die Ahnen, die Schlange als Symbol der Lebenskraft, der Panther als der erfolgreiche Jäger, die Göttin sowie der Vogel als Seelensymbol dargestellt worden sind. Diese komplexe Ikonographie läßt darauf schließen, daß es bereits in der Altsteinzeit eine längere Totempfahl-Tradition gegeben haben muß, die vermutlich entstanden ist, als der Homo sapiens um 50.000 v.Chr. von Afrika aus nach Nordeurasien gewandert ist – da es lediglich in Afrika keine Totempfahl-Tradition, sondern nur dessen Vorläufer, den Vogelstab gibt.

Diese Totempfähle mit der Göttin und den Seelenvögeln zeigen, daß die Große Mutter bereits in der späten Altsteinzeit als die Mutter der Seelenvögel angesehen worden ist. Die Darstellung der Großen Mutter als zweifache Göttin (wie auf einer Skatkarte) zeigt, daß sie schon damals die Mutter der Lebenden und der Toten, d.h. die Göttin des Diesseits und des Jenseits, der Geburt und der Wiedergeburt gewesen sein wird.[3]

Vermutlich werden bereits die Frauen, die der Homo sapiens seit seiner Ankunft um ca. 45.000 v.Chr. in Nordeurasien hergestellt hat, diese „Mutter der Lebenden und der Toten", d.h. die „Mutter der Menschen und der Seelenvögel" gewesen sein.

---

3   Siehe: Eilenstein – "Totempfähle – auf fünf Kontinenten"

Der Ursprung der Dakinis als „Himmelstänzerin" reicht also bis zu der Seelenvogel-Mutter in der späten Altsteinzeit zurück.

Laussel, 32.000-20.000 v.Chr.
Göttin mit Füllhorn (Schoß)

Laussel, 32.000-20.000 v.Chr.
zweifache Göttin

Das Motiv der Wiederzeugung, das die Wiedergeburt ermöglicht, reicht zumindest bis zu den Bewohnern von Göbekli Tepe zurück, da es sich bei allen Völkern, die von ihnen abstammen, wiederfindet. Bei den Ägyptern ist es Osiris, der sich als Toter mit Isis vereint, um als Horus wiedergeboren zu werden; bei den Sumerern sind dies Innana und Tammuz; bei den Indogermanen ist dies Motiv ebenfalls sehr weit verbreitet.

Das bedeutet, daß bereits die Göttin, die in Göbekli Tepe und in dessen „Vorort" Nevali Cori dargestellt worden ist, nicht nur die „Mutter der Seelen" gewesen ist, sondern daß sich die Toten mit ihr vereint haben, um wiedergeboren zu werden.

Es stellt sich natürlich die Frage, wie die Frauen wiedergeboren worden sind, da sie sich schließlich nicht wiederzeugen konnten – diese Frage scheint in den Mythologien nirgendwo gestellt und beantwortet zu werden. Anscheinend wurde die Wiederzeugung zwar als ein notwendiges Element der Wiedergeburt angesehen (sonst wäre dieses Motiv nicht so weit verbreitet), aber diese Wiederzeugung ist vermutlich dennoch immer nur als eine detaillierte Ausformulierung der Wiedergeburt durch das elementarere Motiv der Geburt der Seelen durch die Große Mutter aufgefaßt worden. Vermutlich wurden die Frauen ganz einfach ohne Wiederzeugung wiedergeboren ...

Aus dem Wiederstillen, das die zweite Ergänzung des Wiedergeburtsmotivs gewesen ist und das sich selbst noch im Mittleren Reich in Ägypten als das Stillen des Pharaos durch Hathor nach dessen Ankunft im Jenseits findet, hat sich mit der Zeit der „lebengebende Ritualtrank" entwickelt – der Trank im Hathorkult bei den Ägyptern, der Göttermet der Germanen, der Nektar ambrosia („Tod-loser Honigtrank") der Griechen, der Soma amrita („Tod-loser Trank") der Inder, der Haoma der Perser usw. Die „Todlosigkeit", die dieser Trank gibt, ist das Nicht-Sterben im Jenseits, d.h. die Wiedergeburt.

Aus diesem Trank wurde im europäischen und indischen Mittelalter das Lebenselixier der Alchemisten.

Die Wiederzeugung war in den Jenseitsvorstellungen der Jungsteinzeit und auch der auf sie folgenden Epoche des Königtums so wichtig, daß man danach strebte, sie magisch abzusichern. Wie konnte man dies erreichen?

Man mußte den Toten offenbar magisch mit einer Quelle der Zeugungskraft verbinden. Als eine solche Quelle kamen nur die Herdentiere in Frage, da diese aufgrund der großen Zahl von Tieren, die zusammenlebten, offensichtlich sehr zeugungskräftig und fruchtbar waren.

Die Methode, mit der man diese Verbindung herstellen konnte, war einfach: das Herdentier töten und den Toten in das Fell dieses Tieres hüllen. Dieses Motiv scheint bis in die Höhlenmalereien des Homo sapiens in der späten Altsteinzeit zurückzureichen, da es bereits dort Abbildungen von Tänzern mit Stierkopf gibt.

Auf einem Kultplatz des Homo erectus, der vor 300.000 Jahren in Thüringen errichtet worden ist, befand sich ein Altar, auf dem ein Stierschädel sowie Fragmente von Menschenschädeln lagen. Daher wird bereits der Homo erectus eine Stier-Symbolik gehabt haben – möglicherweise damals bereits die Fruchtbarkeit und Zeugungskraft. Allerdings ist dieser eine Hinweis zu wenig, um sicher auf eine Wiederzeugungsvorstellung bei dem Homo erectus zu schließen.

Aus der Opferung eines Herdentieres bei der Bestattung, mit dem der Tote identifiziert wurde, entstanden die Herdentier-Mensch-Mischwesen: der Minotaurus (Mann/Stier), die Zentauren (Mann/Hengst), Pan und die Satyrn (Mann/Ziegenbock), aus dem später der Teufel wurde, und viele andere.

Die Göttin nahm jeweils die Gestalt eines weiblichen Tieres der betreffenden Spezies an: Stute und Hengst, Hindin und Hirsch, Kuh und Stier usw.

Häufig finden sich bei diesen Herdentier-Mann-Mischgestalten deutliche Hinweise auf die Wiederzeugung:

Die Ägypter bezeichneten die wiedergeborenen Toten oft als „Ka·mut·ef", d.h. als „Stier seiner Mutter" im Sinne von „der sich mit seiner Muttergöttin wiedergezeugt (Stier) hat".

Bei den Griechen vereint sich Zeus als Stier mit Europa. Poseidon vereint sich in Hengst-Gestalt mit Demeter als Stute. Die Satyrn vereinen sich mit den Nymphen.

Bei den Germanen vereint sich Tyr-Surtur als Hengst mit der Jenseitsgöttin Sinmara als Stute. Die Toten allgemein vereinen sich in Ebergestalt mit Freya als Sau.

In einigen seltenen Fällen erscheint der Mann bei der Wiederzeugung auch als (Seelen-)Vogel, was jedoch eine spätere Version sein wird, da der Seelenvogel der wiedergeborene Tote ist und die Vogelgestalt daher erst nach seiner Wiedergeburt erlangt und bei seiner Wiederzeugung noch nicht besitzen kann. Am bekanntesten von diesen späten Versionen ist sicherlich die Vereinigung des Zeus in der Gestalt eines Schwanes mit Leda.

altsteinzeitlicher Stiertänzer in einer Höhle an der Dordogne

Pan mit Weintrauben und Flöte

Diese sexuelle Symbolik im Zusammenhang mit der Wiedergeburt wurde auch auf einige andere Themen übertragen.

Am wichtigsten von diesen ist die Wiedergeburt des Korngottes (Osiris, Dumuzi, Tammuz, Attis u.a.), der bei der Ernte starb und beim Keimen der Saat wiedergeboren wurde. Auch er zeugte sich im Jenseits mit der Göttin wieder.

Dieses Motiv wurde z.T. als Ritual mit einer sexuellen Vereinigung zwischen dem König und der Hohepriesterin der Muttergöttin durchgeführt: die sogenannte „Heilige Hochzeit".

Dieses Ritual wurde im westlichen Bereich des Mittelmeeres im Laufe der Zeit ausgeweitet und konnte schließlich von jedem im Tempel durchgeführt werden. Die christlichen Chronisten und auch die späteren Historiker, die darüber berichteten, verstanden dieses Ritual nicht mehr und lehnten es generell ab und sprachen daher in irreführender Weise von „Tempel-Prostitution".

Eine zweite Übertragung dieser Symbolik ist die Vereinigung von Himmel und Erde, durch die der Luftraum geboren wurde, wodurch die Welt in der heutigen Form entstanden ist.

Ägypten, Vereinigung der Himmelsgöttin Nut mit dem Erdgott Geb, oben der Sonnen-Skarabäus, rechts Isis, links Nephthys; ganz links Chnum

4. Die Dakinis und die Sonnensymbolik

Bereits in Göbekli Tepe und zeitgleich auch in Jericho läßt sich feststellen, daß die Kult-Gebäude nach dem Sonnenstand ausgerichtet sind. Das bedeutet, daß es eine ausgeprägte Sonnensymbolik gegeben haben muß.

In Göbekli Tepe gibt es die Abbildung eines Geiers, der einen seiner Flügel unter einen Kreis hält, der vermutlich die Sonne ist. Dies könnte die Seelenvogel-Göttin sein, die die Sonne wiedergebiert – dieses Motiv ist aus fast allen der späteren Mythen der Völker, die von den Erbauern der Tempel von Göbekli Tepe abstammen, zu finden.

Um 7000 v.Chr. ist in der Westtürkei Çatal Hüyük, die erste „Industriestadt", erbaut worden, in der aus dem Flintstein eines naheliegenden Vulkans Feuersteinwerkzeuge hergestellt worden sind. In dem Tempel dieser Stadt sind u.a. zwei Geier-Paare abgebildet worden, die auf zwei Türmen landen und einen Menschen und eine Kugel, der möglicherweise die Sonne darstellt, abholen. Dieser Turm wird in symbolischer Hinsicht dem zweitausend Jahre zuvor erbauten „Sonnenturm" von Jericho entsprechen.

Man kann also davon ausgehen, daß auch die Geburt der Sonne schon früh, d.h. spätestens zu Beginn der Jungsteinzeit um 10.000 v.Chr. von der Vogel-Jenseitsgöttin wiedergeboren wurde.

In den späteren Mythen hat die Göttin bei der Geburt der Sonne oft die Gestalt einer Kuh wie z.B. die ägyptische Göttin Hathor, die allmorgendlich den Sonnengott Re (wieder-)gebiert.

Die Sonne versank jeden Abend in der Unterwelt, die man sich als ein „Großes Wasser" vorstellte, aus dem die Quellen hervorsprudelten, aus dem die Wolken aufstiegen und das mit dem Meer verbunden war. Daher war die Unterwelt eine Wasserunterwelt, was dazu führte, daß die vervielfältigte Jenseitsgöttin oft als in Quellen, Flüssen und dem Meer wohnend gedacht wurde.

Innerhalb dieser Sonnensymbolik liegt das Jenseits (bei den Völkern auf der Nordhalbkugel der Erde) im Norden, also dort, wo die Sonne niemals zu sehen ist. Dort steht auch der Weltenbaum, der Himmel und Erde, also Diesseits und Jenseits verbindet (die Erdachse). Bereits in Göbekli Tepe befand sich der dem Ahnen geweihte Tempelberg im Norden der fruchtbaren Ebene, in der die damaligen Menschen gejagt, gewohnt und gelebt haben.

Göbekli Tepe, 9.500 v.Chr.: Pfeiler mit Geier und Sonne

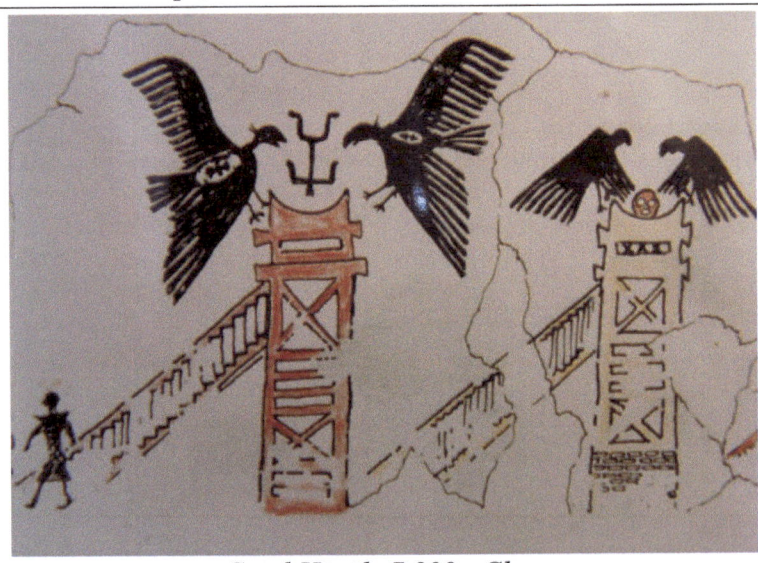
Çatal Hüyük, 7.000 v.Chr.:
zwei Geier mit kopflosem Mensch und zwei Geier mit Menschenkopf oder Sonne

5. Die Dakinis im Buddhismus

Im früheren nordindischen und im späteren tibetischen Buddhismus wurden bzw. werden die Dakinis als geistige Wesen angesehen, die dem Meditierenden helfen.

Die Dakinis haben diese Funktion erhalten, weil die Meditation im wesentlichen eine Jenseitsreise ist. Im tibetischen Totenbuch wird parallel die Reise des Toten in das Jenseits und die Reise des Meditierenden in das Jenseits beschrieben. Die Meditation ist aus den Jenseitsreisen der Schamanen entstanden, die in Indien die dabei auftretenden bzw. benötigten Vorgänge systematisch untersucht haben. Die Reise in das Jenseits ist eine Reise zu den Seelen der Ahnen und zu den Göttern – die Meditation ist ebenfalls eine Reise in den Bereich der Seelen, d.h. zu der eigenen Seele sowie anschließend zu den Göttern.

Da die Jenseitsgöttin als Wiederzeugungs-Geliebte und Wiedergeburts-Mutter die wichtigste Helferin der Toten im Jenseits ist, erscheint sie auch dem Meditierenden und hilft ihm auf seiner Reise. Die Symbolik des Seelenvogels erscheint in diesem Zusammenhang als das Erlernen der Astralreise. Die Herdentier-Symbolik ist ebenfalls ein Element der frühen Yoga-Anleitungen: Die Verbindung mit einer Gottheit, die als ein von ihr auf den Scheitel des Meditierenden herabfließendes Licht erlebt wird, wurde als „Melken der Himmelskuh" bezeichnet, d.h. als Gestilltwerden durch die Muttergöttin.

Die Dakinis, die dem Yogi in seiner Meditation erscheinen, stammen somit aus den damaligen Jenseitsvorstellungen. Dies wird durch die bereits erwähnten Berichte bestätigt, nach denen die frühen indischen Könige ihre Toten nach Norden zu einem Tempel der Dakinis am Fuße des Himalaya gebracht haben.

In den Geschichten über die Mahasiddhis, d.h. über die buddhistischen Yogis in Nordindien um ca. 1000 n.Chr. treten die Dakinis als Helferinnen und Prüferinnen der Yogis auf. Die Dakinis, die geistige Wesen sind, erscheinen dem Yogi nackt und schön. Diese Nacktheit hat ihre Wurzel wahrscheinlich in der Wiederzeugungssymbolik, doch vielleicht geht sie auch noch weiter auf die Große Mutter zurück, die in der Altsteinzeit immer und der Jungsteinzeit fast immer nackt dargestellt worden ist.

Die Dakinis können jedoch auch normale Frauen sein, die dem Yogi einen wesentlichen Anstoß auf seinem Weg geben und darin den europäischen „Musen der Künstler" gleichen.

Die Dakinis können dem Meditierenden friedvoll, aber auch zornig erscheinen. Diese Unterscheidung im Buddhismus hat eine einfache Ursache und liegt ausschließlich im „Auge des Betrachters" begründet: Wenn ein Yogi z.B. den vollkommenen Gleichmut erlangt hat, die eine der vier Eigenschaften eines Erleuchteten ist, dann kann er alles betrachten und dabei gelassen bleiben. Wenn er diese Qualität noch nicht erlangt hat und einem Wesen begegnet, daß sie besitzt, dann sieht der Yogi durch diese Begegnung manchmal plötzlich alle Dinge, weil dieses Wesen alle Dinge gelassen betrachten kann – das bedeutet jedoch, daß der Yogi evtl. auch Dinge sieht und erlebt, die er noch nicht annehmen und ertragen kann, was dazu führt, daß er das betreffende Wesen als Ungeheuer erlebt.

Das betreffende Wesen an sich kann somit z.B. die vollkommene Verkörperung der Gelassenheit sein, die auch der Yogi erlangen will, aber der Yogi, der diesem Wesen unvorbereitet begegnet, hält diese Begegnung mit dem von ihm erstrebten Ideal noch nicht aus, weil er selber noch nicht so weit entwickelt ist wie dieses Wesen. Daher erscheint ihm dieses Wesen als bedrohlich und „zornig".

Die Dakinis können dem Yogi auch als ein einfache Frau, die ihm einen wesentlichen Anstoß gibt, erscheinen, oder als eine Lehrerin (ein weiblicher Guru) oder als eine Gottheit.

Die Weg des buddhistischen Yogis wird oft in drei Stufen unterteilt: die Belehrung und Einweihung durch seinen Guru, die eigenen Meditation und schließlich die Hilfe durch die Dakini. Diese Folge entspricht in etwa dem Erlernen der Landkarte des Jenseits (Guru), der Reise in das Jenseits (Meditation) und der Wiederzeugung der eigenen Seele durch die Muttergöttin im Jenseits.

Ab 1500 n.Chr. wurde aus der Bezeichnung „Dakini" z.T. der Name „Daayan", mit dem Hexen bezeichnet wurden, die Priesterinnen der Todesgöttinnen Kali und Durga sind. Diese „Hexen" sind meistens ältere Frauen, von denen man annahm, daß sie der Gemeinschaft Schaden zufügen.

Dies ist eine Umdeutung der Dakinis als vervielfältigter Jenseitsgöttin zu Verursacherinnen des Todes – das übliche Schicksal aller Dinge und Wesen, die mit dem Tod assoziiert worden sind …

6. Die Dakinis und die Kundalini

Die Kundalini-Schlange ist im Yoga das Symbol für die im Körperinneren des Meditierenden aufsteigende Lebenskraft. Dabei kann man drei Phasen unterscheiden, die meistens in der nachstehenden Reihenfolge auftreten:

1. eine „elektrisches", „glitzerndes" Prickeln, das sich vom Unterleib aus auf den ganzen Körper hin ausdehnt;
2. eine Woge von Hitze, die ebenfalls vom Unterleib her aufglüht und den ganzen Körper einhüllt;
3. ein konzentrierte, intensive Hitze, die wie eine Kugel oder eine Schlange von unten her in der Körpermitte aufsteigt – dies ist die mit Abstand intensivste Form.

Die Symbolik der Kundalinischlange hat eine lange Geschichte. Bereits in den Tempeln von Göbekli Tepe und Nevali Cori hat sie drei Aspekte:

1. Die Schlangen sind die in der Erde bestatteten Ahnen – die Schlangen leben ebenfalls auf der Erde und in Erdspalten und unter Steinen.
2. Davon abgeleitet ist das Motiv der Schlangen als Jenseitsweg, der sozusagen der „Schlangenweg" ist. Aus dem langen nächtlichen Weg der Sonne unter der Erde hindurch ist die in den frühen schriftlich überlieferten Mythen weit verbreitete Riesenschlange geworden.
3. Wie u.a. der in Göbekli Tepe gefundene steinerne Totempfahl zeigt, sandten die Ahnen ihren Nachkommen Stärke für die Jagd. Daraus ist dann schon bald die Schlange als allgemeines Lebenskraftsymbol geworden.

Die wesentliche Fähigkeit eines Schamanen ist das Erlernen der Astralreise, also das willentliche Verlassens des eigenen Körpers mit der eigenen Seele. Dies hat dazu geführt, daß die Schamanen in sich auch das Phänomen des „aufsteigenden Feuers" entdeckt haben, da die Vorgänge, die zu der Erweckung dieses inneren Feuers führen, und die Vorgänge, die die Astralreise verursachen, in den ersten drei Vierteln des Weges identisch sind.

Diese theoretische Überlegung, d.h. genaugenommen diese Meditationserfahrung wird durch den Fund eines steinernen Kopfes in Nevali Cori, auf dem die aufgestiegene Kundalinischlange abgebildet ist, bestätigt.

Die Kundalinischlange ist folglich bereits um 9500 v.Chr. bekannt gewesen. Diese Kenntnis ist vermutlich ungefähr so alt wie der Schamanismus selber und könnte daher bis zu dem frühen Homo erectus zurückreichen, da die Menschen zu allen Zeiten Nahtoderlebnisse gehabt haben werden, aus denen heraus der Schamanismus entstanden ist. Die mit der Astralreise verbundene „Ohnmacht" des Körpers ist selbst von einigen Tieren in aussichtslosen Gefahrensituationen bekannt – die Seele verläßt den Körper, wenn es keine Hoffnung mehr auf ein Weiterleben gibt.

Dieses Phänomen ist wiederum eng mit der Bildung von Traumata verbunden: Wenn man in einer ausweglosen Situation seinen Körper mit seiner Seele verläßt, aber dann doch überlebt und zurückkehrt, kann der Körper die durch die Todesgefahr erzeugte hohe Spannung durch Zittern, Schreien, Weinen u.ä. abbauen. Wenn dieser Spannungsabbau jedoch gestört wird, entsteht eine unaufgelöste „konservierte Spannung", also ein Trauma.

Da das Aufsteigen der Kundalini bedeutet, daß die gesamte Lebenskraft wieder in Fluß gerät, bedeutet das Erwecken der Kundalini zum einen, daß sie alle Traumata heilen kann, aber auch, daß man dabei allen seinen Traumata bewußt begegnet – was heikel sein kann, wenn dies zu plötzlich und unvorbereitet geschieht.

Der Weg der Kundalini wird im Yoga „Sushumna" genannt. Er ist ein „Lebenskraftkanal", der in der Körpermitte vor dem Rückgrat liegt und vom Wurzelchakra zwischen den Genitalien und dem After bis zum Scheitelchakra hinaufführt.

Neben diesem zentralen Kanal gibt es zwei weitere äußere Kanäle, die sich an jedem der sieben Chakren kreuzen. Diese Chakren kann man als die Organe des Lebenskraftkörpers ansehen, der bei der Astralreise den physischen Leib verläßt.[4]

Diese beiden „Nebenkanäle", die meistens Ida und Pingala genannt werden, sind u.a. das innere Frauenbild und das innere Männerbild eines Menschen. Zunächst beginnt die Lebenskraft in diesen beiden äußeren Kanälen zu fließen – in der Regel nicht in beiden in gleichem Maße. Im Kundalini-Yoga wird zunächst ein Gleichgewicht der Lebenskraft in diesen beiden Kanälen hergestellt und anschließend die Lebenskraft von den beiden äußeren Kanälen in den zentralen Kanal geleitet.

Dieses Leiten der Lebenskraft in den mittleren Kanal ist in der Meditation die sexuelle Vereinigung des inneren Männerbildes und des inneren Frauenbildes.

Ida und Pingala, das innere Frauenbild und das innere Männerbild, Dakini und Daka, sind letztlich dasselbe Gegensatz-Ergänzungs-Paar. Die Vereinigung der beiden Kanäle im Yoga hat daher seine Wurzel in der Vereinigung des Toten mit der Jenseitsgöttin.

---

4 siehe: Eilenstein – "Die Chakren" und "Der Lebenskraftkörper"

*Nevali Cori, 9.500 v.Chr.:
am Hinterkopf aufsteigende Kundalini*

Buddha mit Kundalini

Shiva mit Kundalini

Krishna mit Kundalini

7. Das Mandala der Psyche

Es gibt eine weitere Möglichkeit, das aus dem inneren Frauenbild und dem inneren Männerbild bestehende Paar darzustellen.

Aus der Betrachtung, wie sich die Psyche entwickelt, läßt sich ein „Mandala der Psyche" herleiten.

Der Beginn der Entwicklung eines Menschen ist die Zeugung. Wie die Astralreise und generell der Schamanismus zeigen, gibt es jedoch auch noch die vom Leib unabhängige Seele. Diese Seele enthält die Essenz eines Menschen.[5]

Die befruchtete Eizelle wird von der Lebenskraft umgeben, die bei dem Orgasmus der Eltern frei wird. Diese Lebenskraft wird von zwei Seiten her geprägt: die Eizelle prägt die Lebenskraft als Lebenskraftkörper eines Menschen und die Seele schafft einen Abdruck von sich selber in dem Lebenskraftkörper.

Da die Lebenskraft jedoch zweipolar ist, entstehen zwei und nicht nur ein Spiegelbild der Seele in der Lebenskraft: das innere Männerbild und das innere Frauenbild.

Um aus dem Bereich der Lebenskraft wieder in den Bereich der Seele zu gelangen, ist es daher notwendig, das innere Männerbild und das innere Frauenbild zu vereinen – d.h. die Lebenskraft aus den beiden äußeren Kanälen in den inneren Kanal zu leiten. Wenn man den inneren Mann mit der inneren Frau vereint, gelangt man zur eigenen Identität – Ida und Pingala enthalten die Vision des inneren Mannes und der inneren Frau, der zentrale Sushumna-Kanal enthält die Vision der eigene Seele.

Dasselbe Konzept findet sich auch in der Alchemie, in der die beiden Gegensätze Sulphur und Mercurius miteinander vereint werden, um den Stein der Weisen und das Lebenselixier zu erhalten.

In Laufe des Lebens erhält die Psyche in der Regel verschiedene Verletzungen, die zu einer Aufspaltung der beiden inneren Bilder führen, wobei beide Bilder in derselben Weise polarisiert werden:

> Wenn die Verletzung im Bereich der Geborgenheit („orale Phase") stattgefunden hat, entstehen ein „süchtiger Mann", ein „asketischer Mann", eine „süchtige Frau" und eine „asketische Frau".

> Wenn die Verletzung im Bereich der Kraft und Klarheit („anale Phase") stattgefunden hat, entstehen ein „herrschsüchtiger Mann", ein „unterwürfiger Mann", eine „herrschsüchtige Frau" und eine „unterwürfige Frau".

---

5 Diese und die folgenden Vorstellungen werden hier nicht ausführlicher erläutert, da dies eine längere Argumentation erfordern würde. Eine entsprechende Betrachtung findet sich u.a. in: Eilenstein – "Handbuch für Zauberlehrlinge" und "Das Beziehungs-Mandala".

Wenn die Verletzung im Bereich der Selbstliebe („phallische Phase") stattgefunden hat, entstehen ein „Star-Mann", ein „Fan-Mann", eine „Star-Frau" und eine „Fan-Frau".

Diese Darstellung und auch die folgende Übersicht sind stark vereinfacht und sollen nur einen allgemeinen Eindruck dieses Vorganges vermitteln.
In Beziehungen zieht man jeweils seinen Gegenpol an:

> der süchtige Mann die asketische Frau,
> der asketische Mann die süchtige Frau,
> der herrschsüchtige Mann die unterwürfige Frau,
> der unterwürfige Mann die herrschsüchtige Frau,
> der Star-Mann die Fan-Frau, und
> der Fan-Mann die Star-Frau.

Die Heilung der Beziehung beginnt daher mit der Heilung der beiden inneren Bilder, die jeweils in zwei Gegensätze polarisiert und aufgespalten sind. Diese Heilung findet sich im Kundalini-Yoga als der Ausgleich der Lebenskraft in den beiden äußeren Kanälen wieder. Wenn die Lebenskraft in den beiden äußeren Kanälen wieder gleich stark fließt, kann sich auch die Polarisierung der beiden aufgespalteten Männerbilder und der beiden aufgespalteten Frauenbilder auflösen.

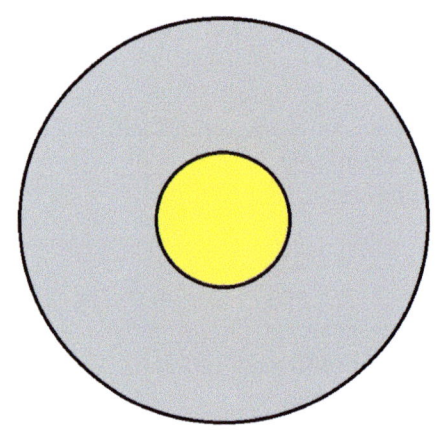

1. Phase: bei der Zeugung
Seele (gelb), die noch ungeprägte Lebenskraft (grau)

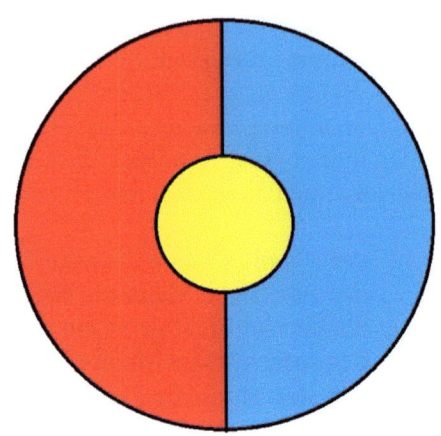

2. Phase: nach der Zeugung
Seele (gelb), männliches Spiegelbild der Seele (rot) und weibliches Spiegelbild der Seele (blau)

3. Phase: nach der Polarisierung
Seele (gelb), das polarisierte männliche Innenbild (dunkelrot und hellrot) und das auf dieselbe Weise polarisierte weibliche Innenbild (dunkelblau und hellblau)

4. Phase: Projektion nach außen
die vier durch die Polarisierung verzerrten inneren Bilder werden auf sich selber und drei weitere Personen projiziert (Dreiecke), die dann gemeinsam das "Drama der Polarisierung" aufführen

8. Tantra und Kundalini-Yoga

Der bekannteste Aspekt des Tantra-Yogas, also der tibetisch-buddhistischen Meditationen ist die sexuelle Vereinigung des Yogi mit seiner Gefährtin. Diese Vereinigung wird in Indien „Karmamudra" und in Tibet „Yab-Yum" genannt.

Dieses Ritual dient zum einen der Vereinigung des inneren Männerbildes mit dem inneren Frauenbild und zum anderen der Erweckung der Kundalini.

Den ersten Aspekt kann man auch alleine rein meditativ durchführen, wobei man sich dann in jedem der sieben Chakren lebhaft innerlich bildlich vorstellt, wie sich der innere Mann mit der inneren Frau auf dem als Lotus imaginierten Chakra sexuell vereinen.

Wenn man diese Meditation zu zweit durchführt und sich entweder real miteinander vereint oder beide nur voreinander sitzen oder die Frau ohne sexuelle Vereinigung auf dem Schoß des Mannes sitzt, kann diese Imagination deutlich mehr Stärke entfalten.

Der zweite Aspekt, also die Erweckung der Kundalini, wird dadurch erreicht, daß sich die sexuelle Spannung nicht in einem Orgasmus löst, sondern aufrechterhalten wird und sich diese erotische Spannung schließlich den einzigen anderen Weg sucht, der ihr zur Verfügung steht: der Aufstieg der Kundalini.

Das Entzünden dieses inneren Feuers kann auch spontan geschehen, wenn ein Mann und eine Frau „im Einklang" sind und eine erotische Spannung vorhanden ist, die aber nicht sexuell ausgelebt wird. Am häufigsten tritt dieses Phänomen auf, wenn sich der Mann und die Frau erst kurze Zeit kennen, aber wenn zumindestens einer der beiden meditiert, kann dieses Phänomen auch noch nach Jahren spontan auftreten.

Am häufigsten tritt die zweite Phase des Kundalinifeuers, also die „Hitze-Woge", spontan auf.

Bei dieser Meditation werden häufig die Dakinis und die Dakas (männliche Dakinis) gerufen, um ihre Hilfe und Führung zu erhalten.

Eine andere Variante ist die Imagination der Frau als Shakti und des Mannes als Shiva oder eines anderen entsprechenden Gottheiten-Paares während der Meditation.

Diese Methode beruht zum einen auf der Erkenntnis der Vorgänge in dem Lebenskraftkörper und zum anderen auf der Symbolik der Wiederzeugung – auf dem Weg zur Seele vereint sich der innere Mann mit der inneren Frau und auf dem Weg in den Seelenbereich, also in das Jenseits, vereint sich der Tote mit der Jenseitsgöttin.

Karmamudra

Karmamudra

Karmamudra

Karmamudra

9. Die Dakinis und die Mahasiddhis

Zunächst sind die Dakinis die vervielfältigte Jenseitsgöttin gewesen. Im Yoga wurden sie zu der Gefährtin des Yogis, der mit ihrer Hilfe seine Kundalini erweckt – auf dieselbe Weise erweckt die Yogini mithilfe eines Daka ihre Kundalini.

Im Laufe der Zeit ist diese ursprüngliche Symbolik immer weiter ausgeweitet worden, sodaß sich in den Biographien der buddhistischen Yogis, die um ca. 1000 n.Chr. in Nordindien gelebt haben, viele verschiedene Geschichten über Dakinis finden, die nicht nur als Geistwesen oder als Meditations-Gefährtin erscheinen, sondern auch als normale Frauen, die den Yogi inspirieren – meistens, indem sie ihn auf einen grundlegenden Irrtum hinweisen. Diese Frauen sind in der Regel sehr einfache Frauen – oft Kloputzerinnen, Arbeiterinnen oder Huren.

Die niedere Kaste, der diese „Dakini-Frauen" meistens angehören, löst vor allem den Standesdünkel und das übertriebene Selbstwertgefühl der meistens sehr gebildeten Yogis auf.

Mahasiddha Carbaripa und Dakini

10. Dakini-Visionen

Dakinis können auch in der Meditation oder im Traum als Vision erscheinen, wobei sich diese Visionen deutlich von normalen Träumen unterscheiden – durch ihr Leuchten, durch ihre Schlichtheit, durch ihre Überzeugungskraft oder einfach durch die tiefe Erkenntnis, die sie vermitteln.

Die Dakini, die in diesen Visionen erscheint, kann ein rein geistiges Wesen, also die Jenseitsgöttin sein, aber auch die eigene Meditationsgefährtin oder eine andere Frau, die dem Yogi möglicherweise nahesteht.

Manchmal wird in einer solchen Vision ein Rat oder eine Meditationsanleitung übermittelt, manchmal besteht sie auch nur aus einem „heilsamen Bild", das dem Yogi zeigt, wo sein Weg weiterführt.

Auf dieselbe Weise können auch Dakas einer Yogini erscheinen. Darüber wird jedoch wesentlich seltener berichtet – vermutlich einfach deshalb, weil in der Literatur Yogis weitaus häufiger als Yoginis sind.

Häufig haben diese Visionen mit der Sexualität des Yogis und seinem Verhältnis zu ihr zu tun.

Ein ganz ähnliches christlich-mittelalterliches Konzept sind die Succubi und die Incubi, also die weiblichen „Untenliegenden" (Succubi) und die männlichen „Einführenden" (Incubi). Sie wurden auch „Buhlgeister" genannt, was man mit „erotische, sexuelle Geister" übersetzen kann.

Im Gegensatz zu den sehr hilfreichen Dakinis und Dakas wurden die Succubi und Incubi von den Sexualitäts-feindlichen christlichen Priestern jedoch als Dämonen angesehen.

Es ist durchaus denkbar, allerdings kaum nachweisbar, daß sich in diesen Buhlgeistern nicht nur eine verdrängte Sexualität gezeigt hat, sondern daß sie auch eine Wurzel in der Wiederzeugungssymbolik gehabt haben.

11. Das Aussehen der Dakinis

Die Dakinis werden fast immer als junge, schöne und nackte Frauen geschildert, deren langes, meist zotteliges Haar ihre Wildheit darstellt.

Die Flammen, die ihren Körper umgeben, stellen das erwachte Kundalinifeuer dar – die 2. Phase, in der eine Hitze-Woge den Körper einhüllt.

Ihr drittes Auge, also ihr Stirnchakra, symbolisiert ihre Erleuchtung. Im dritten Auge liegt die Entschlossenheit, die dazu geführt hat, daß sie die Kundalini hat aufsteigen lassen können. In China wird der Zusammenhang zwischen beidem als die Wunschperle dargestellt, der die Drachen nachjagen – diese Perle ist der Wille und die Imagination in der Meditation, währende der Drache die Kundalini und die Lebenskraft ist.

Manchmal tanzt die Dakini auf einem am Boden liegenden Mann – hieran ist sie noch deutlich als die Todes- und Jenseitsgöttin Kali bzw. Durga erkennbar.

Auch die Kette aus menschlichen Schädeln, die die meisten Dakinis um ihren Hals tragen, sowie das Messer in ihrer Hand kennzeichnen sie als Jenseitsgöttin.

Die Schale aus einem menschlichen Schädel, die die Dakinis in einer Hand halten, enthält entweder Blut oder das Lebenselixier und symbolisiert zum einen den Tod und die Wiedergeburt und zum anderen auch den „letzten Tod", der zur Erleuchtung führt.

Ihre Sanduhr-förmige Dhamaru-Trommel ist das Instrument, das zur Erzeugung der schamanischen Ekstase benutzt wird.

Das Vajra (tibetisch: Dorje) in ihrer Hand ist ein Symbol für die Schöpfung und für die Meditation und vor allem für das „klare Licht", d.h. die hinter aller Vielheit liegende Einheit. Dieser Donnerkeil besteht aus einem Zentrum (Nirvana, Gott), das sich zu zwei Lotusblüten entfaltet (der Urgegensatz), aus denen jeweils ein Strahl (Quintessenz) und vier Elefantenköpfe (Stärke der vier Elemente) hervorleuchten (die erschaffene Welt).

Vajra

fliegende Dakini

feurige Dakini

tanzende Dakini

auf einem Mann tanzende Dakini

12. Arten der Dakinis

Im Buddhismus werden vier grundlegende Arten von Dakinis unterschieden, wobei sich die Art der Differenzierung von Tradition zu Tradition zwar ein wenig unterscheidet, aber im Wesentlichen einheitlich ist.
Alle diese Dakinis helfen dem Yogi und beschützen ihn.

1. Die eine Göttin

Die höchste Form einer Dakini ist ihre Verkörperung der Leere, d.h. der Einheit hinter der Vielheit der Erscheinungen – sie ist das Nirvana selber. Diese Form einer Dakini entspricht am genauesten der ursprünglichen Vorstellung der Dakini als Jenseitsgöttin und Muttergöttin – ihre Eigenschaften sind lediglich in die Vorstellungen der buddhistischen Meditationstechniken übersetzt worden.

Das Symbol dieser Dakini ist der Vajra, der die Leere, die Einheit und das klare Licht (was alles dasselbe bezeichnet) verkörpert.

2. Eine Mandala-Göttin

Die zweite Form einer Dakini ist die Göttin mit einer begrenzten Weite und einer unvollständigen Erleuchtung. Sie erscheint als eine der vielen Göttinnen und Götter in den Mandalas, über die im Buddhismus meditiert wird.

Während die höchste Form einer Dakini die Einheit selber ist, ist diese zweite Form einer Dakini ein (großer) Aspekt der Einheit – sie ist nicht „die eine Göttin", sondern „eine Göttin von mehreren".

Diese Dakinis können dem Yogi als Vision bzw. Traum oder auch als reale Frau im Diesseits erscheinen, da sie jede Gestalt annehmen können.

Die Dakinis und auch die anderen Gottheiten und Buddhas in einem Mandala werden im Buddhismus „Yidam" genannt.

Das wichtigste und einfachste Mandala besteht aus fünf Buddhas, die manchmal durch ihre fünf Gefährtinnen, d.h. durch fünf Dakinis ergänzt werden. Dieses Mandala ist wie ein Kreuz mit gleichlangen Armen geformt. Die folgende Darstellung beschreibt diese fünf Buddhas in der Reihenfolge, in der diese Buddha-Formen in Buddhas Biographie entstanden sind.

oben (beide eine rote Hautfarbe = Feuer):
- <u>Buddha Amithaba</u>: Er meditiert und erkennt das Wesen der Welt.
- Seine Gefährtin ist <u>Pandara</u> = Vajra-Dakini: Sie schützt vor einer

ungünstigen Wiedergeburt.

rechts (beide eine grüne Hautfarbe = Luft):
- <u>Buddha Amoghasiddhi</u>: Er hat die Einheit der Welt erkannt und ist dadurch furchtlos geworden.
- Seine Gefährtin ist die <u>Grüne Tara</u> = Padma-Dakini: Sie schützt ebenfalls vor einer ungünstigen Wiedergeburt. Im Gegensatz zur Grünen Tara wird Padma-Dakini mit rosafarbener Haut dargestellt.

unten (beide eine blaue Hautfarbe = Wasser):
- <u>Buddha Akshobhya</u>: Er hat aufgrund seiner Erkenntnis, daß die Welt eine Einheit ist, das unbegrenzte Mitgefühl für alle Wesen entwickelt, d.h er erlebt alle Wesen als „ich". Dadurch hat er seine eigene Erleuchtung vollendet und sehnt sich nun nach der Erleuchtung aller Wesen.
- Seine Gefährtin ist <u>Locana</u> = Buddha-Dakini: Sie gibt die Wiedergeburt im Paradies und (davon abgeleitet) Langlebigkeit.

Mitte (beide eine weiße Hautfarbe = Raum/Quintessenz):
- <u>Buddha Vairocana</u>: Aufgrund der Erkenntnis, daß er und alle anderen Wesen eins sind, beginnt Buddha allen Wesen den Weg zur Erleuchtung zu lehren.
- Seine Gefährtin ist die <u>Weiße Tara</u> = Dharmadhatvishvari: Sie gibt Erfolg und eine günstige Wiedergeburt als Mensch.

links (beide eine gelbe Hautfarbe = Erde):
- <u>Buddha Ratnasambhava</u>: Buddha gibt jedem Wesen, das meditieren will, seinen Segen, der diesem Wesen eine Vision von seinem Weg gibt und ihm hilft, diesen Weg zu gehen.
- Seine Gefährtin ist <u>Mamaki</u> = Ratna-Dakini: Sie gibt Wohlstand und schützt vor einer schlechten Wiedergeburt.

3. Eine erleuchtete Frau

Die dritte Form einer Dakini ist die erleuchtete Yogini, die manchmal die Gefährtin eines Yogis ist, dem sie hilft, zur Erleuchtung zu gelangen.
Sie ist ein weiblicher Guru dieses Yogis.

4. Eine inspirierte und helfende Frau

Die vierte Form einer Dakini ist die nicht-erleuchtete Frau, die entweder die Gefährtin eines Yogis ist oder die durch ihre Intuition oder durch ihre bisherigen Meditationserfahrungen in der Lage ist, dem Yogi einen entscheidenden Hinweis oder Anstoß für seine weitere Entwicklung zu geben.

Die fünf Dhyani-Buddhas

	Vajra-Dakini	
Mamaki	*Weiße Tara*	*Grüne Tara*
	Locana	

13. Einzelne Dakinis

Bei den in den religiösen Bildern dargestellten Dakinis werden hauptsächlich zwei Gruppen unterschieden:

    1. Die Mandala-Dakinis, d.h. die Göttinnen, und
    2. die konkreten Frauen, die als Dakini angesehen worden sind.

Diese werden durch zwei weitere Gruppen ergänzt:

    3. Die Dakini als die eine Göttin, d.h. als die Verkörperung der aller Vielheit zugrundeliegenden Einheit. Dies ist am ehesten die Weiße Tara.
    4. Die letzte Gruppe bilden die inspirierten Frauen, die den Yogis auf ihrem Weg helfen. Sie werden jedoch nicht als Gottheiten oder Gottheit-ähnliche Wesen angesehen und erscheinen daher nicht in den Mandalas, sondern nur in den Illustrationen der Biographien dieser Dakinis bzw. der Yogis, die sie begleitet haben.

Die Dakini-Göttinnen werden meistens „zornig", d.h. in dem Schrecken, den sie bei dem Yogi auslösen können, wenn er sie unvorbereitet trifft, dargestellt, während die menschlichen Dakinis meistens friedlich abgebildet werden – ihr Anblick und ihre Botschaft ist für den Yogi in der Regel leichter zu verkraften.

Die folgenden Bilder stellen nur eine kleine Auswahl der bekannten Dakinis im Buddhismus dar.

1. Mandala-Dakinis

<u>Vajrayogini</u>: rote Hautfarbe, Vajra-Messer, Schädelschale, Vajra-Krone

Vajrayogini *Vajrayogini*

<u>Vajravarahi</u>: rote Hautfarbe, Vajra-Messer, Schädelschale, manchmal eine Vajra-Krone mit dem Kopf einer Sau

Vajravarahi   *Vajravarahi*

Der Mond und sie Sonne, die auf den Bildern mit Darstellungen der Dakinis oft am Himmel zu sehen sind, symbolisieren u.a. die männliche und weibliche Polarität. Manchmal werden Sonne und Mond auch vereint als „Kugel mit Sichel" dargestellt, was dem Karmamudra, d.h. der Vereinigung von Yogi und Dakini entspricht.

Simhamukha: Löwenkopf

Simhamukha

Simhamukha

Der Löwenkopf ist wahrscheinlich ein sehr altes Merkmal der Dakinis, da bereits um 9.500 v.Chr. die Göttin in Göbekli Tepe von zwei Panthern begleitet worden ist. Die Göttin von Çatal Hüyük sitzt um 7.000 v.Chr. auf einem Thron, dessen Armlehnen von zwei Panthern gebildet werden. Auch die sumerisch-babylonische Inanna/ Lilith steht oft auf zwei Panthern bzw. Löwen (siehe die Abbildung in Kapitel 1). Die beiden kleinasiatischen Göttinnen Astarte und Cybele sitzen oft in einem von zwei Löwen gezogenen Streitwagen. Bei den Germanen sind die beiden Panther zu den beiden Katzen verkleinert worden, die den Wagen der Göttin Freya ziehen.

Tröma Nakmo: schwarz

Tröma Nakmo   *Tröma Nakmo*

2. reale Dakini-Frauen

<u>Yeshe Tsogyal</u>: Schülerin und Gefährtin des Padmasambhava, der den Buddhismus nach Tibet gebracht hat; sie reinkarnierte sich als die Dakini Jomo Menmo

Yeshe Tsogyal

Yeshe Tsogyal

Prinzessin Mandarava: zweite Gefährtin des Padmasambhava, die wie er erleuchtet gewesen ist

Prinzessin Mandarava

Prinzessin Mandarava

Niguma: Gefährtin des Naropa, der der Begründer des heutigen tibetischen Buddhismus gewesen ist

Niguma

Niguma

Machig Labdrön: eine erleuchtete Yogini

Machig Labdrön

Machig Labdrön

14. Der Daka

Die Dakas, d.h. die männlichen Dakinis, spielen eine weit geringere Rolle als die Dakinis selber, was vermutlich daran liegt, daß sie eine Sekundärbildung zu den Dakinis sind, die für die eher seltenen Yoginis dieselbe Rolle übernehmen wie die Dakinis für die Yogis.

Der Begriff „Daka" wird manchmal auch einfach für „Yogi" verwendet, wobei „Yogi" weitaus üblicher ist. Hingegen werden die meditierenden Frauen in etwa genausooft „Dakini" wie „Yogini" genannt.

Eine spezielle Daka-Mythologie ist nicht bekannt und ebensowenig eine so differenzierte Darstellung wie bei den Dakinis, was beides noch einmal zeigt, daß die Dakas ein späteres, von den Dakinis abgeleitetes Konzept sind.

15. Dakinis und Apsaras

„Apsara" bedeutet „die über das Wasser gleitet". Die Apsaras sind weitestgehend mit den Dakinis identisch. Wie ihr schon ihr Name zeigt, können sie wie die Dakinis fliegen – manchmal werden sie auch mit Flügeln dargestellt. Sie werden als schöne, junge Frauen mit verführerischen Augen und großen Brüsten beschrieben.

Im Rigveda, der ältesten, um ca. 1200 v.Chr. verfaßten indischen Schrift, treten sie zusammen mit den Gandharvas auf, die das personifizierte Sonnenlicht sind und den Soma-Trank zubereiten. Die Gandharvas spielen die Musik, zu denen die Apsaras für die Götter tanzen.

Im Rigveda erscheint nur eine Apsara, während ihre Anzahl in den jüngeren Schriften immer größer wird.

Die Apsaras werden im Himmel zu den Gefährtinnen von Helden, nachdem diese gestorben sind. In Malaysia und Indonesien werden sie „Bidadari", d.h. „Wissens-Trägerinnen" genannt. Am bekanntesten sind sie vermutlich aus den Darstellungen in dem großen Tempel von Angkor Wat in Kambodscha und als die thailändischen Tempeltänzerinnen.

Sie leben vor allem in Gewässern, d.h. in der Wasserunterwelt. Sie haben somit alle Merkmale der „vervielfältigten Jenseitsgöttin": die Vereinigung mit den Toten (aus der Wiederzeugung ist bereits eine Belohnung geworden), ihre Vielzahl, die Fähigkeit zu fliegen und Flügel, sowie die Wasser und der Himmel als Jenseits.

Ihre Verbindung zu den Gandharvas zeigt zwei weitere Aspekte: Die Gandharvas brauen den Ritualtrank (Wiederstillen) und sie sind das personifizierte Sonnenlicht, d.h. sie könnten auf den durch die Jenseitsgöttin wiedergeborene Sonnengott zurückgehen.

Die Apsaras gehören zu dem Göttervater Indra – vermutlich weil der Sonnengott-Göttervater jeden Morgen von der Jenseitsgöttin wiedergeboren wurde.

Die Apsaras können auch ihre Gestalt verwandeln – möglicherweise hängt dies mit der Wiedergeburt (einen neuen Leib erhalten) und mit der Verwandlung in ein Herdentier bei der Wiederzeugung zusammen.

Die Apsaras können zudem das Schicksal lenken – dies wird eine Umdeutung der Wiedergeburt zu der Bestimmung des Todeszeitpunktes und schließlich zu einer allgemein Schicksalslenkung sein.

Eine recht späte Umdeutung ist die Vorstellung, daß der Götterkönig Indra Apsaras zu den Yogis sendet, um diese zu verführen und von ihrer Meditation abzuhalten, wenn ihm diese Yogis zu mächtig zu werden drohen.

Angkor Wat: Apsara

Angkor Wat: Apsara

Angkor Wat: Apsara-Tänzerinnen

16. Dakinis und Yakshinis

Die weiblichen Yakshinis (die von männlichen Yakshas begleitet werden) gleichen den Dakinis und den Apsaras. Sie bilden das Gefolge der Wohlstandgottes Kubera, der aufgrund seiner Mythen ursprünglich ein Korngott gewesen sein könnte. Dann wäre die Schar der Yakshinis ursprünglich die Jenseitsgöttin gewesen, die den bei der Ernte getöteten Korngott beim Keimen der Saat wiedergebiert.

Zu dieser Deutung paßt, daß die Yakshinis die Schätze der Erde hüten, denn der größte Schatz in der Erde ist das Saatgut, daß zu der Nahrung der Menschen heranwächst.

Sie werden wie alle diese vervielfältigten Wiederzeugungs- und Wiedergeburtsgöttinnen als schön und mit großen Brüsten beschrieben.

Die Yakshinis geben den Menschen alles, was sie sich wünschen können – von Schätzen, Früchten und Liebschaften über die Fähigkeit zu fliegen und der Astralreise bis hin zu magischen Fähigkeiten, Allheilmitteln, dem Lebenselixier und ganz allgemein dem Glück. Viele dieser Gaben gehören zu der Wiedergeburts-Symbolik wie die Liebschaften (Wiederzeugung), das Lebenselixier (Wiederstillen), das Allheilmittel (Wiedergeburt), die Astralreise (Jenseitsreise) und das Fliegen (Seelenvogel).

Die Yakshinis sind die Geister des Ashoka-Baumes (Saraca asoca), der vermutlich der Weltenbaum als Verbindung zwischen Diesseits und Jenseits ist. Der Name des Ashoka-Baumes bedeutet „Sorgenlos-Baum", und ist mit dem „Wunschbaum" identisch, der in den indischen Mythen wie die Yakshinis alle Wünsche erfüllt.

Für jede der 36 bekannteren Yakshinis gibt es ein Mantra und ein Ritual, mit dem sie gerufen werden können.

17. Dakinis und Kitsune

In Japan werden die Dakinis als „Dakini-ten", also als „Dakini-Gottheit" bezeichnet. Die buddhistischen Dakinis sind in Japan weitestgehend mit der Fuchsfrau Kitsune aus der ursprünglichen Shinto-Religion Japans verschmolzen.

„Kitsune" bedeutet „Fuchs". Die eigentliche Bedeutung, d.h. der Ursprung dieses Namens ist umstritten – möglicherweise bedeutet er „die in den Bettraum kommt", d.h. „Geliebte". Diese Bedeutung könnte aus den Wiederzeugungs-Vorstellungen stammen. Wenn dies zutreffen sollte, müßte diese Vorstellung zumindestens 40.000 Jahre sein, da um diese Zeit die gemeinsamen Vorfahren der Jäger von Göbekli Tepe und der Chinesen und Japaner gelebt haben. Dies paßt gut zu den schon angeführten Überlegungen zu dem Alter des Wiederzeugungs-Motivs.

Die Fuchsfrauen haben die verschiedensten magischen Kräfte wie den Gestaltwandel, das Fliegen, die Unsichtbarkeit und ein sehr langes Leben. Die letzte dieser Eigenschaften könnte eine Umdeutung der Wiederzeugung sein.

Die Kitsune nehmen oft die Gestalt einer jungen, schönen Frau an, die meistens treue Wächterinnen, Liebhaberinnen und Frauen eines jungen Mannes sind, der nichts davon weiß, daß er eine Fuchsfrau geheiratet hat. Die Kinder der beiden haben ebenfalls die magischen Fähigkeiten der Mutter – sofern sie menschliche Gestalt haben.

Die Kitsune scheinen wie die Dakinis die vervielfältigte Jenseitsgöttin zu sein, die hier jedoch schon weitestgehend zu einer Diesseits-Geliebten geworden ist.

Die Fuchsfrauen sind die Botinnen der Fruchtbarkeitsgöttin Inari Okami, die einst die Muttergöttin im Jenseits gewesen sein könnte. Die Füchse wären dann wie die Wölfe in den indogermanischen Mythologien die Begleiter des Schamanen auf dessen Jenseitsreise gewesen. Auch in Göbkeli Tepe sind Füchse dargestellt worden, die vermutlich auch dort Jenseitsreise-Begleiter sind.

Die Fuchsfrauen haben bis zu neun Schwänze – je mehr Schwänze sie haben, desto älter, weiser und mächtiger sind sie. Auch in China sind diese Fuchsfrauen, die bis zu neun Schwänze haben können, bekannt – sie heißen dort Huli Jing. Ab einem Alter von 100 Jahren können sie sich in Frauen verwandeln.

Das Fell der Fuchsfrau ist zunächst rötlich, aber es wird, wenn sie ihren neunten Schwanz erhalten, weiß oder golden. Die Boten der Göttin Inari Okami sind allesamt weiße Füchse. Die Göttin Dakini-ten reitet stets auf einem weißen Fuchs.

Manchmal ist Kitsune auch ein Trickster, der mit seinen listigen Späßen Angeberei und ähnliches bestraft. In seltenen Fällen verwandelt sich ein Fuchsgeist auch in einen alten Mann.

Für seine Verwandlung muß sich der Fuchsgeist einen Schädel über den Kopf ziehen – vermutlich einen Schädel der Spezies, in die er sich verwandeln will. Auch dieses Motiv paßt gut zu einem Ursprung der Kitsune im Totenkult.

Manchmal können die Kitsune auch Feuer oder Blitze spucken oder diese auf andere Weise erzeugen. Vermutlich stammt dieses Motiv aus einer älteren Vorstellung, in der die Sonne („Feuer") von der Jenseitsgöttin geboren wird.

Dazu paßt, daß die Fuchsfrau stets eine leuchtende Perle bei sich trägt, die auch „Hoshi no rama", d.h. „Sternenkugel" genannt wird. Eine solche Kugel haben auch die chinesischen Drachen bei sich. Diese „leuchtende Kugel" wird mit großer Sicherheit ein Symbol der Sonne sein.

Bisweilen wird auch über Besessenheiten von Frauen durch Füchse berichtet. In diesem Zustand können diese Frauen dann ihnen unbekannte Sprachen sprechen und haben auch andere magische Fähigkeiten.

Diese Besessenheit ist vermutlich eine relativ spät entstandene Vorstellung, bei der die Fuchsfrau schon zu einem bedrohlichen Wesen geworden ist. Schließlich hat diese Umdeutung dazu geführt, daß man die Kitsune auch als Succubi, d.h. als weiblichen Geist, der Männer in deren Träumen verführt, angesehen hat.

Die Kitsune sind auch ein beliebtes Element in den modernen Manga-Comics.

Kitsune-Staute vor einem Shinto-Tempel | *Kitsune aus einem Manga-Comic*

18. Dakinis und Peris

In den frühen persischen Schriften, die nah mit den frühen indischen Schriften verwandt sind, erscheinen die Dakinis als Peris, die als halbgöttliche weibliche Geister, die z.T. Flügel haben, dargestellt werden.

Sie werden als schön und anmutig geschildert und helfen in der Regel den Menschen. Auch Gottheiten können den Menschen als Peri erscheinen, was vermutlich darauf hinweist, daß die Peri aus der Vervielfältigung der Jenseitsgöttin heraus entstanden sind.

19. Dakinis und Nymphen

In den Mythen der indogermanischen Völker gibt es viele weibliche Naturgeister, die nach dem griechischen Begriff für sie heute generell „Nymphen", d.h. „Braut, Geliebte" genannt werden. Sie sind zwar von den Griechen am besten bekannt, aber sie spielen auch in der Mythologie z.B. der Slawen, Kelten, Römer und der Germanen eine große Rolle. Sie sind am häufigsten mit Gewässern verbunden, aber auch mit Bergen, Wäldern u.ä.

Die Nymphen als „Wassergeister" sind ursprünglich die vervielfältigte Jenseitsgöttin in der Wasserunterwelt gewesen; die Nymphe als Berggöttin hat ihren Ursprung in der Jenseitsgöttin, die sich im Hügelgrab („Berg") mit dem Toten vereint; und das Motiv der Baumnymphen ist durch die Vorstellung, daß der Weltenbaum der Weg ins Jenseits zu der Muttergöttin ist, entstanden.

Die Wassernymphen sind auch als Nixen, Naiaden, Nereiden, Sirenen u.ä. bekannt, während die Baumnymphen auch „Dryaden" genannt werden.

Die bekannteste deutsche Nymphe ist die Loreley, die auf dem gleichnamigen Felsen am Rhein sitzt und ihre Lieder singt, sodaß die Schiffer nicht auf den Fluß achten und kentern und ertrinken. Hier ist die Jenseitsgöttin, die sich in der Wasserunterwelt mit dem Toten vereint, wieder einmal zu der Ursache für den Tod umgedeutet worden ...

Die Nymphen der Griechen werden als junge, verführerisch schöne Frauen dargestellt, die tanzen und singen und die körperliche Liebe sehr freizügig genießen. Dieser Aspekt stammt wie bei den Dakinis aus dem Motiv der Wiederzeugung, durch das die Jenseitsgöttin zu der (jungen) Braut des Toten wird. Als eine Gestalt der Göttin sind die Nymphen prinzipiell unsterblich, auch wenn es Mythen gibt, in denen manchmal eine Nymphe stirbt – diese Erzählungen sind jedoch schon mehr Sagen als Mythen.

Die Nymphen erscheinen im Gefolge des Pan und der Satyrn, d.h. der Toten, die aufgrund der mit der Wiederzeugung verbundenen Tier-Symbolik die Gestalt von Ziegen-Mensch-Mischwesen angenommen haben. Sie erscheinen auch zusammen mit Hermes, dem Jenseitsführer, der die Toten ins Jenseits zu der Muttergöttin bringt, die sie dann wiedergebiert. Die Nymphen begleiten auch den Mysteriengott Dionysos, da auch in seiner Mythe die Jenseitsreise und die Wiedergeburt das zentrale Element sind.

Schließlich sind die Nymphen auch die Begleiterinnen der Göttin Artemis, deren vervielfältigte Gestalt sie sind. Derselbe Grund, der zu der Vervielfältigung der Artemis zu den Nymphen geführt hat, d.h. ihre Vereinigung mit vielen Toten gleichzeitig sowie deren Wiedergeburt, hat auch die Darstellung der Artemis als Göttin mit einer Vielzahl von Brüsten, mit denen sie die Toten dann nach deren Wiedergeburt „wiederstillt", entstehen lassen.

20. Dakinis und Walküren

Bei den Germanen entsprechen die Walküren den Dakinis. Ihr Name bedeutet „Toten-Erwählerinnen". Sowohl von den indischen Dakinis als auch von den griechischen Nymphen und den germanischen Walküren sind ungefähr 50 namentlich bekannt – dies scheint die Menge an Namen zu sein, die diese Wesen als „offensichtlich sehr viele" erscheinen lassen konnte.

Die Walküren holen die dem Tod Geweihten vom Schlachtfeld und führen sie in das Jenseits, in dem sie sich dann mit ihnen vereinen. Diese Vereinigung wird insbesondere im Zusammenhang mit dem neuen Göttervater Odin (mit Gunnlöd) bzw. mit dem alten Göttervater Tyr (der dann als Wieland bzw. Helgi erscheint) berichtet.

Die ursprüngliche Göttin, die sich in die Vielzahl der Walküren geweitet hat, ist Hel-Freya. „Hel" bedeutet „Höhle" – sie ist nach der Grabkammer im Hügelgrab benannt worden, in dem sich die Walküre mit dem Toten vereint. Aus ihr ist die gefürchtete Herrin der Unterwelt geworden. Freya hat sich hingegen zu einer lüsternen Liebesgöttin entwickelt, die in dieser Hinsicht sehr den griechischen Nymphen gleicht. Ein weiterer Aspekt dieser Jenseitsgöttin ist zu den drei Nornen geworden, die das Schicksal der Menschen bestimmen – dies ist eine Umdeutung der Wiedergeburt zu der Festlegung des Todeszeitpunktes.

Auch die indischen Apsaras („Walküren") sind zu Schicksalsgöttinnen („Nornen") geworden.

Ein ganz ähnlicher Zusammenhang findet sich auch bei den Dakinis, die oft im Gefolge der Todesgöttin Kali auftreten.

Die vervielfältigte Göttin		
Volk	*Göttin*	*vervielfältigte Gestalt der Göttin*
Inder	Kali	Dakinis
Perser	Göttin	Peri
Griechen	Artemis	Nymphen
Germanen	Hel-Freya	Walküren

Die Walküren vereinen sich vor allem mit den Sagen-Varianten des ehemaligen Göttervaters Tyr, der dem griechischen Zeus entspricht, da dessen Wiedergeburt die wichtigste aller Wiedergeburten war – war er doch der Erhalter der Ordnung und außerdem auch noch der Sonne selber gleichgesetzt.

Als „Apsaras" gehören die Dakinis zu dem Göttervater Indra – so wie die Walküren zu dem Göttervater Odin. Der Ursprung dieses Zusammenhanges wird auch hier die

Wiedergeburt des Göttervaters, der bei den Indogermanen der Sonne gleichgesetzt worden ist, durch die Jenseitsgöttin sein.

Die Walküren können als die Mütter der Seelenvögel auch selber als Vögel erscheinen – bei den Germanen sind sie Schwäne, bei den Kelten erscheinen die entsprechenden Wesen als Krähen- oder Rabengöttinnnen. Der Rabe als Seelenvogel ist auch den Germanen bekannt gewesen.

21. Dakinis und Shekinah

Die jüdische Religion ist zwar sehr stark Männer-orientiert und auch Gott Vater selber ist zumindestens ursprünglich als ein Mann angesehen worden, aber in den frühen Überlieferungen und in der jüdischen Mystik spielt die Göttin Shekinah eine große Rolle.

Sie wird als Königin und Braut aufgefaßt, die in ihren Händen die heiligen Äpfel trägt, die hier noch ihre ursprüngliche sumerische Symbolik als „Seelen am Welten(apfel)baum" bewahrt haben. In der Genesis des alten Testaments ist aus diesen Früchten der Wiedergeburt bereits die Frucht des Todes geworden – die übliche Umdeutung von dem, was den Toten im Jenseits hilft, zu dem, was den Tod bringt.

Der Shekinah wird zu Beginn des Kultes ein vornehmer Sitz im Haus bereitet. Dann wird sie mit Harfen- und Flötenmusik sowie mit den Worten „Komme, o Braut, komme, o Braut!" eingeladen.

Später wurde Shekinah zu Gottes Anwesenheit im Tempel umgedeutet. In diesem Sinne wird auch im Islam das von „Shekinah" abgeleitete Wort „Sakina" verwendet.

Ein altes jüdisches Sprichwort lautet: „Shekinah kommt zu allen Betenden." In diesem Sprichwort kann man Shekinah sowohl als Göttin als auch als Gottes Anwesenheit auffassen.

Der Name „Shekinah" bedeutet „Ort, an dem man sich niederläßt" sowie „Nest". Das Wort ist ein Femininum und könnte eine Variante des alten mesopotamischen Namens „Aset", d.h. „die (auf ihrem Thron) Sitzende" sein, von dem sich u.a. auch die Göttinnen-Namen Isis und Astarte ableiten.

Das Motiv der „sitzenden Göttin" reicht bis nach Çatal Hüyük und Göbekli Tepe zurück.

22. Dakinis und Engel

Zunächst einmal ist eine Dakini eine „fliegende Göttin" und Seelenvogel-Mutter, während ein Engel ein Seelenvogel ist. Die Engel sind jedoch auch im Christentum „Wanderer zwischen dem Diesseits und dem Jenseits". Entsprechend dem jüdisch-christlichen Glauben, der vom Monotheismus geprägt ist, sind die Engel Gott Vater untergeordnet worden. Dabei hat das alte Motiv der geflügelten Göttin zu der Ausbildung der Engel und vor allem Erzengel als Gottesboten geführt – ähnlich dem Hermes der Griechen und dem Loki der Germanen, die beide Schuhe besaßen, mit deren Hilfe sie fliegen konnten.

Die „einfachen" Engel gehen eher auf die Seelenvögel zurück, während die Erzengel ihren Ursprung eher in den geflügelten Göttinnen haben, also zu der Gruppe von Wesen gehören, zu denen auch die Dakinis, Nymphen und Walküren zählen.

Das Wort „Engel" leitet sich von dem griechischen „aggelos" für „Bote" her.

23. Dakinis und Houris

Der Islam ist aus der jüdisch-christlichen Tradition, aus einigen älteren Religionen wie der altägyptischen Religion und den Visionen, die Mohammed vor diesem kulturellen Hintergrund gehabt hat, entstanden. Daher ist es nicht verwunderlich, daß sich auch im Islam das Motiv der „Jenseits-Frauen" wiederfindet.

Diese Frauen heißen dort „Houri", d.h. „Gazellen-Auge" im Sinne von „Frauen mit schönen Augen wie die der Gazellen". Die Araber schätzten derartige Vergleiche – das arabische Wort Giraffe bedeutet z.B. „Schönauge".

Das deutsche Wort „Hure" und das englische Wort „whore" ist nicht (wie manchmal vermutet wird) mit dem arabischen „Houri" verwandt.

Diese Frauen befinden sich im Paradies und erwarten dort wie die Walküren der Germanen jeden Toten – ein jeder Tote hat im Paradies mehrere solcher Houri als Begleiterinnen. Die Houri werden als liebliche, reine Frauen mit schönen Augen und großen Brüsten beschrieben, die niemals altern. Sie sind geistige Wesen und brauchen als solche keine Nahrung und haben keinerlei Ausscheidung. Sind werden sehr häufig als leicht transparent beschrieben – so wie man in Visionen oft die Götter und andere Jenseitswesen wahrnimmt. Jeder Tote hat mindestens zwei solcher Houri.

Manche Houris sind auch „schöne Jünglinge". Sie waren jedoch nicht wie die indischen Dakas die männlichen Dakinis, die zu den Frauen gehörten, sondern eher männliche Diener.

Die Huris sind z.T. die Frauen der Verstorbenen, die im Jenseits als junge Jungfrauen „neuerschaffen" werden. Dies ist mit dem indogermanischen Brauch verwandt, die Frau eines verstorbenen Fürsten zu töten und zusammen mit ihm zu bestatten, damit er sich zusammen mit ihr im Jenseits wiederzeugen kann. Dieser Brauch hat sich am längsten in Indien erhalten, wo er „Sati" genannt wurde, womit die Verbrennung der Witwe zusammen mit ihrem verstorbenen Gatten gemeint ist.

Die Houris sind ausdrücklich für den Sex mit ihnen bestimmt – dies ist eine Umdeutung der früheren Funktion der Wiederzeugung der Toten durch die Göttin. In ganz ähnlicher Weise ist bei den Germanen aus der Wiedergeburtsgöttin Freya die manchmal als lüstern verspottete Liebesgöttin Freya geworden.

24. Dakinis und erotische Tempel-Skulpturen

Der südindische Hindu-Tempel von Khajuraho ist vor allem für seine erotischen Darstellungen bekannt. In diesen Reliefs ist die sinnliche Liebe nicht mehr sicher als ein Element der Wiederzeugungssymbolik oder des hinduistisch-buddhistischen Yoga erkennbar – ähnlich wie dies auch bei den Houri im Paradies des Koran nicht mehr der Fall ist. Da sich diese erotischen Reliefs jedoch in einem Tempel befinden, stellen sie auf jeden Fall einen Aspekt der hinduistischen Religion dar.

Die Frauen in diesen erotischen Reliefs werden zwar auf die Dakinis zurückgehen, aber man müßte diesen Begriff schon recht weit fassen, um sie noch als „Dakinis" bezeichnen zu können.

Diese Abbildungen zeigen jedoch sehr deutlich, daß die Sexualität in Indien (und auch in Tibet) ein fester Bestandteil der Religion ist – im Gegensatz zum Judentum, Christentum und Islam.

Derartige Darstellungen gibt es nicht nur aus dem Hinduismus, sondern auch aus dem Buddhismus. Sie finden sich z.B. in den Tempeln in Kathmandu in Tibet.

Auch aus Nepal sind derartige Tempel-Skulpturen bekannt: Die folgenden Bilder stammen aus zwei buddhistischen Tempeln in Bhaktapur.

In diesen Bildern gibt es alle erdenklichen sexuellen Kombinationen: ein Mann und eine Frau, mehrere Männer und eine Frau, mehrere Frauen und ein Mann, mehrere Frauen und mehrere Männer, mehrere Frauen, Frau und Hengst, Mann und Stute – nur „mehrere Männer" scheint zufehlen. Und es sind auch alle erdenklichen Arten der Vereinigung zu sehen …

Die Vereinigung von Mensch und Pferd hat in Indien eine lange Tradition – sie ist auch ein Bestandteil des altindischen Krönungsrituals, während dessen sich die Königin bei der symbolischen Jenseitsreise des angehenden Königs mit einem Hengst vereint, der den König symbolisiert. Man muß dabei bedenken, daß die Pferde damals noch wesentlich kleiner waren als heute.

25. Zusammenfassung

Die älteste „wichtige Frau" ist die Mutter, die spätestens seit den ersten Säugetieren das zentrale innere Bild aller Säugetiere ist.

Das zweite Bild ist die „sich versammelnde Herde". Solche großen Versammlungen sind von vielen Säugetieren bekannt – insbesondere von den Elefanten und Bären. Leider sind diese Versammlungen außer bei den Elefanten nie näher untersucht worden – bei ihnen ruft das Fehlen an diesen Treffen Störungen im Sozialverhalten hervor.

Da man in Traumreisen zu den einzelnen Tierarten häufig auf solche Versammlungen von im Kreis stehenden und „singenden" Tieren stößt und dabei jedesmal in der Mitte des Versammlungskreises die Muttergöttin der betreffenden Tierart erscheint, kann man davon ausgehen, daß es wohl auch bei den Menschen schon immer solche einfachen Muttergöttin-Rituale gegeben haben wird, die lediglich aus dem Stehen im Kreis, einfachen rhythmischen Bewegungen, Gesang („Chanten") und der inneren Anbindung an die Muttergöttin bestanden haben.

Diese Göttin wird in der Regel als deutlich größeres Tier, das halbtransparent ist und leuchtet und eine starke, „Identitäts-sichernde" Ausstrahlung hat, erlebt.

Diese Anbindung an die Muttergöttin hat dann vermutlich vor 600.000 Jahren in dem Schwitzhüttenritual eine komplexere äußere Inszenierung erhalten.

Das im kalten Nordeurasien notwendige Paarungsritual hat die Zeugung und somit die Sexualität eng mit der Muttergöttin assoziiert, da die Sexualität beherrscht werden mußte, damit die Neugeborenen überleben konnten.

Das Nahtod-Erlebnis führte zur Entdeckung der Seele, zum Ahnenkult (dem Aufrechterhalten der Verbindung zu den Seelen der Ahnen) und zum Schamanismus.

Das systematische Erlernen des Verlassens des eigenen Körpers durch den Schamanen, der dies das erste mal bei seinem Nahtod erlebt hat, führte zu der Entdeckung des im Inneren aufsteigenden Feuers (Lebenskraft), das „Kundalini" genannt wird. Diese Entdeckung liegt darin begründet, daß beide Erlebnisse eng aneinander gekoppelt sind und sich das Erlernen der beide Fähigkeiten kaum unterscheidet.

Die Ankunft im Jenseits wurde analog zum Diesseits als eine Wiedergeburt durch die Große Mutter angesehen.

Spätestens nach der Ankunft des Homo sapiens in Nordeurasien um ca. 40.000

v.Chr. wurde diese Vorstellung durch die Wiederzeugung und das Wiederstillen ergänzt. Diese Symbolik wurde bereits in der Altsteinzeit auch auf die Wiedergeburt des Sonnengottes sowie in der Jungsteinzeit auf den Korngottes und im Königtum auf den Sonnengott-Göttervater ausgedehnt. Das Wiederzeugen wurde durch die Verwandlung des Toten und der Göttin in ein Herdentier magisch abgesichert.

Um spätestens 3000 v.Chr., vermutlich jedoch schon früher, wurde die Göttin vervielfältigt, damit sie mit all den Toten gleichzeitig schwanger sein konnte, die innerhalb von neun Monaten starben.

Als die Jenseitsreise der Schamanen systematisch erforscht und als Meditation formuliert wurde, wurde die Große Mutter zu einer Helferin des Meditierenden.
Die Symbolik der Wiederzeugung des Jenseitsreisenden mit der Göttin verwandelte sich dabei zu der Vereinigung des inneren Mannes mit der inneren Frau. Aus der früheren rituellen sexuellen Vereinigung (einiger Hinterbliebener) bei dem Bestattungsritual wurde dabei die rituelle sexuelle Vereinigung in der Meditation des Yogis und seiner Gefährtin.

Diese vervielfältigte Göttin, die den Yogis auf ihrer Jenseitsreise half, wird in Indien „Dakini" genannt. Sie unterstützt ihn durch die Erweckung der Kundalini in ihm, durch Rat und Inspiration sowie durch die Konfrontation mit seinen eigenen Schattenseiten.

Am Ende der Entwicklung wurde die Göttin schließlich von der Helferin auf der Jenseitsreise zur Belohnung für ein gutes Leben, zur Ödipus-Sage u.ä. umgedeutet.

- - -

Eine Dakini kann innerlich als Vision erscheinen, aber auch äußerlich als konkrete Frau – oder beides gleichzeitig. Solch ein Erlebnis ist für den Meditierenden und allgemein für den, der nach sich selber und nach dem, „was die Welt im Innersten zusammenhält", sucht, ein großes Geschenk.

Danke.